Kleiner Dackel, ich bin hier.
Ich bleib immer nah bei dir.

Huhu, Mama, siehst du mich?

Tief im Meer, da schwimme ich.

Mama?

Kleiner Wal, ich bin ja hier!
Ich bleib immer nah bei dir.

Ich krabble gern von Blatt zu Blatt
und fresse mich so richtig satt.

Mama?

Kleine Raupe, ich bin hier!
Ich bleib immer nah bei dir.

Endlich schlüpfe ich hinaus.

Papa, sieht das schön hier aus!

Papa?

Kleiner Schwan, ich bin ja hier!

Ich bleib immer nah bei dir.

Oh, was für
ein buntes Ding.
Mama, guck,
ein Schmetterling!

Mama?

Kleiner Panda, ich bin hier.
Ich bleib immer nah bei dir!

Ganz allein geh ich voran.
Seht doch mal, was ich schon kann!

Mama? Papa?